LES GROSSES MACHINES

LES GROS CAMIONS DE TRANSPORT!

Alan Walker

TABLE DES MATIÈRES

Les gros camions de transport .. 2

Glossaire 22

Indice 24

Un livre de la collection

Les jeunes plantes de Crabtree

Crabtree Publishing

crabtreebooks.com

LES GROS CAMIONS DE TRANSPORT

Nous voyons de GROS camions de transport tous les jours.

Que font tous ces camions?

Les gros camions transportent des choses.

WHOLE FOODS MARKET
Open Daily 8am–10pm
AUTOMATIC DOOR - STAND CLEAR
Seedless Watermelon
$3.99
Seedless Watermelon

Ils transportent la nourriture jusqu'aux supermarchés.

Ils transportent le maïs jusqu'aux **moulins**.

Ils transportent les véhicules jusqu'aux stationnements.

Ford
Ford
Ford
FordSto

Ils transportent l'essence jusqu'aux stations-service.

Ils transportent le **bois d'œuvre** jusqu'aux **chantiers de construction.**

25
TEXAS
R25-4398

Ils transportent le **bétail** jusqu'aux marchés.

Pense à d’autres choses que les gros camions transportent.

Glossaire

bétail (bé-taille) : Le bétail est un groupe de vaches, de taureaux et de bouvillons élevés pour leur viande.

bois d'œuvre (boa deu-vre) : Le bois d'œuvre est du bois qui a été coupé et préparé pour la construction.

chantiers de construction (chan-tié de conss-truc-sion) : Les chantiers de construction sont des lieux où des bâtiments sont construits.

moulins (mou-lin) : Les moulins sont des lieux où se trouvent des machines qui servent à faire de la farine et des matériaux comme du papier.

Soutien de l'école à la maison pour les parents, les gardiens et les enseignants

Ce livre aide les enfants à se développer grâce à la pratique de la lecture. Voici quelques exemples de questions pour aider le lecteur ou la lectrice à développer ses capacités de compréhension. Les suggestions de réponses sont indiquées en rouge.

Avant la lecture

- De quoi ce livre parle-t-il?
  - *Je pense que ce livre parle des gros camions.*
  - *Je pense que ce livre parle de ce que les gros camions transportent.*

- Qu'est-ce que je veux apprendre sur ce sujet?
  - *Je veux apprendre les différentes utilisations des gros camions.*
  - *Je veux savoir à quelle vitesse peuvent aller les gros camions.*

Pendant la lecture

- Je me demande pourquoi…
  - *Je me demande pourquoi les gros camions font autant de bruit sur la route.*
  - *Je me demande pourquoi ils ont un si grand nombre de pneus.*

- Qu'est-ce que j'ai appris jusqu'à présent?
  - *J'ai appris que les gros camions transportent de l'essence jusqu'aux stations-service.*
  - *J'ai appris qu'ils transportent du bois d'œuvre jusqu'aux chantiers de construction.*

Après la lecture

- Nomme quelques détails que tu as retenus.
  - *J'ai appris que les gros camions déplacent toutes sortes de choses sur les routes.*
  - *J'ai appris qu'ils transportent de la nourriture jusqu'aux supermarchés.*

- Lis le livre à nouveau et cherche les mots de vocabulaire.
  - *Je vois le mot **moulins** à la page 11 et les mots **bois d'œuvre** à la page 17. Les autres mots du glossaire se trouvent à la page 22.*

INDICE

bétail 19
bois d'œuvre 17
essence 15
moulins 11
nourriture 9
véhicules 12

Crabtree Publishing

crabtreebooks.com 800-387-7650

Version imprimée du livre produite conjointement avec Blue Door Education en 2021.

Auteur : Alan Walker
Traduction : Annie Evearts

Paperback 978-1-0396-0805-4
Ebook (pdf) 978-1-0396-0809-2
Epub 978-1-0396-0813-9
Read-along 978-1-0398-0327-5
Audio book 978-1-0396-6658-0

Imprimé au Canada/032024CPC20240312

Publié au Canada par Crabtree Publishing
616 Welland Avenue
St. Catharines, Ontario
L2M 5V6

Publié aux États-Unis par Crabtree Publishing
347 Fifth Avenue
Suite 1402-145
New York, NY 10016

Références photographiques : istock.com, Shutterstock.com, couverture; tibu, p. 2-3; vitpho, p. 4-5; Rasica, p. 6-7; tibu, p. 8; ablokhin, p. 8-9; CynthiaAnnF, p. 10-11; ozgurcoskun, p. 13; josefkubes, p. 12-13; Vitpho, p. 14-15; abadonian, p. 15; firina, p. 16-17; vitpho p. 17; Luckie8, p. 18-19; Philip Arno, p. 19; warat42, p. 21; India Picture/ p. 24; istock.com/ Vitpho. Provenance : www. shutterstock.com et www.istock.com.

Catalogage avant publication de Bibliothèque et Archives Canada
Titre: Les gros camions de transport! / Alan Walker ; texte français d'Annie Evearts.
Autres titres: Big trucks bring goods! Français.
Noms: Walker, Alan (Écrivain pour la jeunesse), auteur.
Description: Mention de collection: Les grosses machines | Les jeunes plantes de Crabtree | Traduction de : Big trucks bring goods! | Comprend un index.
Identifiants: Canadiana (livre imprimé) 20210261498 | Canadiana (livre numérique) 20210261552 | ISBN 9781039608054 (couverture souple) | ISBN 9781039608092 (HTML) | ISBN 9781039608139 (EPUB)
Vedettes-matière: RVM: Camions—Ouvrages pour la jeunesse. | RVMGF: Documents pour la jeunesse.
Classification: LCC TL230.15 .W3514 2022 | CDD j629.224—dc23